JN411126

벚꽃의 본능

권영부 시집

문학의전당 시인선
143

벚꽃의 본능

권영부 시집

문학의전당

시인의 말

붉은 노을을 헤집어 금술 몇 가닥을 뽑아냈고
강물을 체에 걸러 은비늘 몇 개를 찾아냈고
햇살 속에 스며들어 눈부심 몇 개도 쪼아냈지만
모두가 장식에 필요한 것들이고
정작 그 흔한 꽃은 찾을 수 없다.
하지만
일단은 거나하게 취한 뒤에
붉고 노란 꽃들을
찾아 떠나볼 참이다.
봄과 여름 그리고 가을과 겨울
사시사철 내 눈을 파고드는 그 숱한
꽃들을 찾아 나설 작정이다.
그리하여 좀 볼품 있는 꽃바구니를 들고
그대를 찾아갈 것이다.

2012년 겨울에
권영부

차례

제2부

제3부

제4부

제1부

앵두꽃 지고 나니

어두침침한 벌통 속에서
세상의 온기를 전해 듣고 무작정 쏟아져 나와
벌건 대낮에 꽃이란 꽃은
죄다 훔쳐보고 있었네

꼭 제 몸뚱이만 한 꽃을 찾아 앵앵거리다
마침내 앵두꽃에 내려앉아
앞뒤 가릴 틈 없이 사랑을 퍼붓고 있었네

며칠 밤낮을 씩씩거리던 고것들이 사라지자
난봉쟁이 사랑도 사랑이었다고
앵두꽃들은 맥없이 지고 말았네

꽃이 진 자리에 푸른 씨알이 자잘하게 솟을 때마다
눈부신 햇살의 정자들도
내 아랫도리 속으로 파고들고 있었네

산사나무 아래서

꽃샘추위에 떨고 있는 산사나무에
그리움 같기도 허튼 다짐 같기도 한 눈발이 쏟아진다
가지 사이에 내린 눈발이 움도 트지 않은 산사나무를 부여잡고 안절부절이다
떠나가는 위태로움과 멈춰야 할 불안함이 묻어난다
황사 기운에 시달린 햇살도 희뿌연 눈을 뜨고 그냥 지켜보고 있다
어디서 달려온 바람 한 자락이 서리하듯
가지 사이의 눈을 거둬간다
산사나무에 고요함이 매달린다
이제부터 봄이다

아카시아도 봄을 기다린다

그도 그럴 것이
지난겨울이 도대체 서러운 것이다
막무가내로 달려드는 칼바람 앞에
온몸을 내놓았지만,
결코 제 몸의 가시는 뽑지 못한 것이다
뽑아야만, 반드시 그래야만 그 틈으로 잎들이 나올 것이고
하얀 꽃들도 주렁주렁 열릴 것을 알고 있기에
아직은 어슴푸레한 봄의 등짝에
자꾸만 제 몸을 비비고 있는 것이다
그렇게 며칠을 몸부림쳤지만 가시는
자꾸만 제 몸속을 파고들고,
고통으로 부르르, 몸을 떨 때마다 봄기운만 차고 오르는 것이다
그때마다 하늘도 가늘게 흔들리다가
자잘한 햇살만 땅 위로 뿌려대고 있는 것이다

따뜻한 봄이 오면

온 세상에 새싹이 돋고
새싹들이 오물오물 따뜻한 봄 햇살을 삼키고
그 덕분에 봄은 꽃눈을 틔우고
꽃눈은 달짝지근한 봄비를 부르고
봄비는 꽃봉오리들 도톰하게 살찌워
부풀대로 부푼 봄날을 드디어 터뜨릴 것이고
그때마다 봄 햇살은 꽃잎처럼 잘게 쪼개질 것이고
자잘한 꽃잎 사이로 양떼구름이 몰려오더라도
한 치도 물러서지 않고 안아줄 것이고
그 때문에 봄날은 양털만큼 포근해질 것이고
늦봄에 찾아든 세찬 바람에 꽃잎이 흩날리더라도
화들짝,
그대 입술 같이 따뜻한 봄날만 기억할 것이다

벚꽃의 본능

젖먹이동물들의 본능처럼
저 벚꽃들도 새하얀 구름의 가슴에 머리를 파묻고
몰래몰래 하얀 젖을 탐했던 것이다

잔뜩 먹은 달달한 젖 덕분에 토실토실 살이 오른 벚꽃들이
트림하듯 꽃송이를 터뜨린다

그때마다 벚나무 아래서 떨어지는 꽃잎을 받아먹기 위해
한껏 입술을 오므리는 아이들을 본다

벚꽃 속에도 물컹한 젖가슴이 숨어 있다

그런 것이다
끝없이 탐했던 젖 냄새를 더듬더듬 기억하듯
꽃잎을 바라볼 때마다 그 속에 파묻히고 싶은 생각이
불쑥, 찾아드는 것은 어찔한 본능인 것이다

3월의 산수유나무

도통 관심 없는 봄바람이 얄밉기도 했겠지
어쨌거나 기회를 노렸겠지
붉은 열매 몇 톨, 이미 쭈그러진
고것이 허망하게 매달려 막고 있지만,
솟구치고 싶은 마음은 달랠 수가 없었지
급기야 가지 속에 감춘 제 몸을 쏟아 내려
용을 쓰는 통에
노란 진물이 가지마다 방울방울 맺히는 거야

그래도 행여나,
봄바람이 쉬어갈 자리를 비워두었던 가지들도
이제는 새싹을 밀어 올려
하늘거릴 준비를 하고 있는 거야

아아, 저 잔가지들은 왜 저리도 휘청거리나
지난겨울에 과음한 눈발 때문인가
그 눈발, 가슴에 꼭꼭 담아놓았다가
햇살이 거세지면 시원하게 내놓을 준비에

마음이 붕붕거려 허둥대는 것일 수도 있고,

이제 어찌 하리오, 3월의 산수유야
기다리던 봄바람은 이미 스쳐 지났고,
그 증거로
비닐봉지 하나를 가지 끝에다 매달아두고 갔으니

벚꽃이 진다

그게 내 탓이든
아니면 네 탓이든
이별은 어떻게 고하든 아름다울 수 없다

벚꽃이 진 자리에서

사랑하면 할수록
가슴 가득 뭉클함이 쌓이지만
그 알 수 없는 허전함 때문에
몸살을 앓은 적이 있는가

봄비 몇 가닥이
또록또록 정수리를 채찍처럼 내리칠 때
또 알 수 없는 그 뭔가가
가슴을 미어지게 한 적이 있는가

벚꽃이 모두 진 자리를 가만히 거닐다
울컥, 하고 제법 큰 뭔가가
가슴을 헤집는 걸 느껴본 적이 있는가

하루에도 몇 번씩
그 뭔가를 부여잡으려 팽이처럼 맴돌지만
아득한 그 연유를
끝끝내 알 수 없어 엉엉, 울어본 적이 있는가

벚꽃 흩날리다

벚꽃이 사라져도
그대가 내 곁에 있기에
꽃향기는 여전하다

벚꽃이 지천일 때
그대가 꽃이고, 꽃이 그대다

흥건한 봄비에
꽃잎들이 울먹여도
그대는
내 가슴에 우표처럼 들러붙어 있다

이 봄,
벚꽃이 한순간에 피고
또 한순간에 사라져도 기어코 행복할 것이다

벚꽃의 연애

꽃잎들이 못 박히듯
길바닥에 털썩, 꽂혔다

내 가슴에도
그녀의 눈물이 벚꽃처럼 뚝뚝, 주저앉았다

어느 틈에 수북이 쌓였다

젖은 꽃잎을 환한 햇살처럼 바싹 말리지 못하고
안절부절이다

벚나무, 알몸으로 서다

벚꽃으로 온몸을 가렸지만
매끄러운 몸뚱이를 봄비가 탐했지요

봄비가 벚꽃을 한 잎 두 잎 벗겨
알몸을 드러낸 벚나무,
어찌할 줄 몰랐지요

믿음이 있으면 자연스러운 법,
실오라기 하나 걸치지 않고
버틸 수 있는 용기를 주지요

여름이 오면 푸른 잎사귀 옷으로
가을이 오면 붉은 단풍 옷으로
겨울이 오면 함박눈 옷으로
안아줄 것이라는 그 믿음 때문이지요

살구나무 한 그루

벚나무 무성한 틈에서
살구나무 한 그루 졸고 있었지요
벚꽃 지고 여린 잎이 돋을 때,
그때서야 느지감치 일어났지요
세상일에 굼뜬 그가
연분홍으로 상기되어
헐레벌떡 꽃잎을 물리고 잎을 돋울 때
벚나무가 말했지요
일찌감치 봄은 깊었다고,
살구나무 한 그루 급한 숨을 몰아 쉴 때마다
푸른 입김들,
가지마다 봉긋봉긋 솟고 있지요

똥 밟았네

어느새 오월은 졸음에 겨워 꾸벅이고요
굴참나무 잎들은 앞을 다퉈 시퍼런 입김을 토했고요
아카시아는 하얀 꽃을 송두리째 게워냈고요
찔레꽃도 연분홍 속옷을 홀딱 벗어버렸고요
이 마당에 이제야 애기똥풀은 샛노란 꽃을 피우고요
아니 글쎄, 하필 그때
까치발로 조심조심 풀숲을 지나던 다람쥐들이
어쩌자고 애기똥풀 위에 주저앉았을까요
어이구, 똥 밟았네, 하며 줄행랑을 치는 꽁무니 뒤로
오월의 햇살이 하품처럼 길게 늘어지네요

봄나비

분명하다
저 수천 그루의 벚나무는 가느다란 가지마다
하얀 벚나비의 알들을 숱하게 품었다가
화창한 봄날 한꺼번에 부화시켜
바람결에 하늘하늘 풀어놓은 것이다

분명하다
내 가슴에도
사랑나비의 알들이 오슬오슬 자라고 있었다
서리서리 품은 사랑알들이
가슴팍을 풀어헤치고
화르르 하늘로 날아오를 때는
어찌할 수 없이 난분분(亂紛紛)한 고백을 하는 것이다

봄꽃의 상처

단지 봄비의 재촉으로 피는 게 아니다
결코 봄바람의 나무람으로 꽃피우는 것도 아니다
흘러가던 구름 한 덩이가 슬쩍 깨물고 간
내리치던 햇살 한 조각도 덩달아 꼬집고 간
그 흔적들이 쌓이고 쌓인 것이다
그래 그렇게 봄꽃들은 노랗게 붉게 멍든 것이다
봄꽃 앞에서 생각하는 것이다
그대와 나 사이에도 피멍이 들어야
사랑이 싹트는 것이다, 사랑은 상처 속에서 피는 것이다
그래야 사랑인 것이다

나, 어쩌면

푸른 싹이 솟구치는 들판에 오도카니 앉아 토끼풀만 한 사랑을 찾을지 몰라. 봄비 가득 내리는 날 또록또록 떨어지는 빗방울을 가만가만 받아내며 그대와 내가 살아온 날과 살아갈 날을 손가락으로 꼽아가며 참 막연한 세월이라고 여길지도 몰라. 저 숱한 나무들이 새싹을 돋우려 안간힘을 쓰는 동안 '나 그대를 사랑했으므로 행복했다'는 한 구절의 시를 부여안고 깜박 졸음에 빠질지도 몰라. 마침내 이것저것 다 뿌리치고 산수유나무 꼭대기에 올라가 봄바람의 잔등에 슬그머니 올라탈지도 몰라. 이 봄날에는,

꽃다지

텃밭의 가지들이 꽃다지를 만들면
가지에 매단 채 절반을 잘라 먹고
달랑 걸린 고것 보고 놀란 어머니 추궁에
동네 개새끼가 먹었다고 먼 산 보며 말할 때마다
푸른 하늘에 매달린 뭉게구름 한 떼가
함박웃음을 보냈지

* 꽃다지는 오이, 가지, 참외, 호박 따위에서 맨 처음에 열린 열매를 말한다.

제2부

8월, 배롱나무 아래서

아주 붉지도 그렇다고 여리지도 않은 사랑,
잠시잠깐 붉게 물들기보다
느릿느릿 여리게 물드는 사랑,
여름 내내,
석 달 열흘 동안 미치도록 사랑하기보다
가을이 오고, 겨울이 와도 잔잔히 다가서는
그런 사랑 한번 해봤으면 좋겠네
소낙비 그치면 금세 제 때깔을 찾는
저 꽃잎과 같은 맑디맑은 사람과
지치지 않고 모나지 않는 사랑,
꽃잎을 스쳐 땅으로 내리치는 빗방울 같이
오롯이 스며드는 사랑, 오래오래 해봤으면 좋겠네
어느 한 날,
여린 꽃잎이 뭉텅뭉텅 떨어져 눈처럼 수북이 쌓이는
겨울이 들이닥쳐도
아주 붉지도 그렇다고 여리지도 않은
마음으로 견뎌내면 좋겠네

플라타너스

한낮 대로변, 전기톱에 온몸을 맡긴 플라타너스
서늘한 톱날이 지날 때마다 고통의 몸서리를 허옇게 토하고 있다
어느 한 날 허연 낯빛을 가려주는 그늘을 줬고
눈빛을 나누는 연인들에게 싱그러운 바람을 주기도 했다
또 어느 한 날은 만취한 것들의 토악질을 맨손으로 받아냈고
떠나가는 이들을 위해 너른 잎들을 날리며 위로하다가
이제 토르소가 되어 허공에다 쇠스랑질을 하고 있다
때마침 지나가던 구름 한 덩이가 움찔한 것은 바로 그 때문이다
손발이 모두 잘린 플라타너스는 나이테로 나이를 말하지 않는다
제 몸뚱어리에 박힌 옹이를 앞세워 그저 그렇게 살았음을 알릴 뿐이다
하지만 그도 푸른 씨앗 몇 톨을 몸뚱이 구석에 남겨두고 있어

언젠가는 따뜻한 햇살을 앞세워 하늘하늘 푸른 잎을 매달 것이다

5월의 담쟁이

지난겨울 엉성한 뼈마디로
들러붙었던 서러움은 잊었다

그대를 사랑하는 마음이
물집처럼 자꾸만 부풀어 오른다

문득 여름 볕 아래서
영락없이 시들어
뚝뚝, 내리박히는 곤두박질을 생각했다

다급한 마음에 몸속에 쟁여둔
초록 실타래를 풀어냈다

하지만 이제는 찬바람 불어도
붉게 물든 이파리들 두 손에 쥐고
깃발처럼 나부낄 것이다

내가 꽃씨라면

내가 꽃씨라면 민들레가 되고 싶다
하얀 홀씨를 우산처럼 펼쳐
슬픔에 젖지 않도록 받쳐주고 싶다

내가 꽃씨라면 넝쿨장미이고 싶다
아픔의 그림자는 가시덩굴로 막아
햇살처럼 환하게 살게 하고 싶다

내가 꽃씨라면 아카시아가 되고 싶다
그대의 고통을 말끔히 씻어내는
진한 향기를 주고 싶다

내가 꽃씨라면 붓꽃이고 싶다
넉넉하게 먹물을 묻혀
그대 가슴에 사 · 랑 · 한 · 다 · 고 아로새기고 싶다

물끄러미

지난여름 태풍 앞에 무참하게 쓰러진
참나무들이 가을햇살 아래서 토막토막 잘렸다

한갓 바람에 여지없이 무너진 채
모든 생각들을 내려놓은 듯했지만
그리움 한 덩이는 나무토막 속에 감춰뒀었다

봄비 내리자
나무토막을 씨앗 삼은 그리움 한 줄기가
애처롭게 치솟았고
급기야 봄바람의 사랑 앞에 연초록 잎들을
제법 덥수룩하게 매달았다

행여 그대 가슴에도
토막이 난 그리움이 있거든
봄 햇살 아래 펼쳐놓을 일이다

푸른 꿈들이 나뭇잎처럼 솟아 나풀거리더라도

물끄러미 바라만 볼 일이다

삶

지하철역 입구에
신문지 한 장을 펼치고
그 위에 호박잎 두 무더기로 좌판을 벌린 할머니,
시든 호박잎처럼 쭈글쭈글하다
따가운 햇살을 피하기 위해
비닐 부채 한 장으로 얼굴을 가렸지만
오후 내내 늙은 무덤 세 개가 새까맣게 타고 있다

심드렁하다는 것은

봄날의 끝머리에 남은 성긴 벚꽃이 달랑거릴 때
늦여름 매미 소리가 실없이 귓속을 후벼 팔 때
단풍나무 꼭대기에 앉은 잠자리의 날개에 이슬이 맺
힐 때
그대 생각이 함박눈 속에 갇힐 때
그대를 향한 발걸음이 주춤거릴 때
한없을 같은 마음이 바닥을 드러낼 때
돌돌돌, 흐르는 강물에 맥없이 눈물 한 방울을 뿌릴 때
그대와 나 사이에 존재하는 방정식을 풀 수 없을 때

우리는

사람 키를 훌쩍 넘긴 앵두나무,
붉은 알들이 꼭대기에만 오슬오슬하다
최대한 손을 뻗쳐
고것들을 똑똑, 따먹어야 직성이 풀리는
어찌할 수 없는 욕심 때문에
꼭대기에 붉게 불을 밝힌 것이다

꽃이 피고 지고
푸른 씨알이 맺힐 때까지
끝끝내 외면하다가
빨갛게 익은 앵두만 보면 눈에 불을 밝히는
우리는,

죄다 오물거리며 단물만 빼먹고
앵두 씨앗을 가차 없이 내뱉을 때마다
봄날, 그 푸른 앵두가 여린 몸을 비틀어 몸집을 키운 것은
생각하지도 않고

퉤퉤, 최대한 멀리 씨를 내뱉는
우리는,

고것이 어디에 새 터를 잡을지 관심 밖이다
부대끼는 세상, 아무리 무디게 살아야 한다고 하지만
한껏, 제 뱃속을 채우기 위해
자잘한 것들의 몸부림을 잊고 사는
우리는,

느릅나무의 사랑

느릅나무 잔가지가
늙고 삭은
슬레이트 지붕에 발을 걸쳤다
몇십 년을 비바람에 몸을 맡긴 슬레이트 지붕은
검버섯이 군데군데 돋았고
심한 기침으로 숭숭, 구멍이 났다
빗방울이 쏙쏙, 그 사이를 쑤신다
하늘은 우울하게 내려앉았고
비는 쉴 새 없이 쏟아진다
삭신이 쑤시고
기침은 자꾸만 심해지고 있다
느릅나무는 칡덩굴이며 사위질빵을 불러
넓고 두텁게 지붕을 덮는다
비구름 속의 햇살도 잠깐 찾아와
빛줄기 한 대를 주사 놓고 간다

점묘파(點描波)

짙은 햇살 때문인가, 정수리가 홧홧하다
맥없이 고개를 숙인 채 길을 걷는다
보도블록 틈 사이가 시커멓다

밥풀 몇 알을 향해 달려드는 개미 떼거리,
고춧대에 오그랑오그랑 들어붙던 진딧물 같다

천수만 위에서
수만 마리의 가창오리 떼가
우르르, 몰려다니며 파란 하늘을 연신 쪼아대자
이내 핏빛으로 물들던 만신창이 하늘같기도 하다

그래야, 그래야
달쯤에서 아니면 해쯤에서 세상을 살피는 이가
화폭에다 우리를 그린다면
개미나 진딧물 떼거리와 진배없겠지
서로가 서로를
아등바등 갉아먹는 바로 그 꼴이니 말이야

그해 가을

왼쪽에는 은행나무, 오른쪽에는 벚나무
그 가운데 장미 한 그루
줄기는 세 줄기, 꽃은 다섯 송이
몇 송이는 봉긋하고, 몇 송이는 도톰하구나

노란 잎을 떨어뜨린 은행나무,
붉은 잎을 내다버린 벚나무 사이로 펼쳐진 하늘에
자기 목을 끝없이 쑤셔대는 늦된 장미
주황색도 아니고, 빨간색도 아니다
그저 붉은 빛이구나

저 하늘도 가시에는 못 견디는구나
찔린 틈새로 붉은 피를 뚝뚝, 꽃에다 몽땅 쏟아버리고
시퍼렇게 질린 가슴만 더 높게 펼쳐놨구나

그런 사랑

연못의 심장
연잎 위로 떨어지는 저 빗방울들

저것은 큐피드의 화살이다

딱따구리

그녀를 만난 뒤부터 내 가슴에
딱따구리 한 마리가 둥지를 쳤는데요.
하루 종일 별 요동이 없다가도
그녀가 내 앞에 나타나기만 하면
내 가슴을 딱딱, 쪼기 시작하지요.

그녀가 환하게 웃을 때는 더욱 심해져
심장까지 딱딱, 진동이 전해오고
그녀의 입술이 내 볼에 닿을라치면
날카로운 부리로 더 심하게 후벼 파지요.

그럴 때는,
어떻게 말릴 수도 없으니
그녀를 꽉, 껴안고 잠잠해지길 기다릴 뿐이지요.

그 사이 딱따구리는 내 가슴에
수많은 구멍을 숭숭, 파놓았지요.

그 구멍에
몇 됫박의 갈등이 고이자
이제는 가타부타하지 말고
딱딱, 맞춰가며 잘 살아보라고
내 뒤통수를 사정없이 쪼아대고 있지요.

바다의 발자국

파도는 바다의 발자국이다
뭍으로 뭍으로만 향하는 발자국이다

발목에 칭칭 감기는 시퍼런 미역줄기 걷어내고
등짝에 들러붙은 거머리 같은 해삼도 떼어내며
전선(戰線)처럼 펼쳐진 발자국들

바닷가 바위덩이에 부닥쳐 허연 피를 토하고
거침없는 바람처럼 뭍에 닿은 갈매기의 비웃음도 물리치며
기어코 뭍으로 달려드는 저 뚜렷한 미련덩이들

그 이유야 속속들이 알 수 없지만
수평선을 달구는 벌건 해를 피해 달려온 것일 수도
사랑노름에 진 빚이 쌓여 도망친 것일 수도 있다

이 외진 바닷가에 파도처럼 흘러든 당신도
미련 한 덩어리를 화두처럼 껴안고 이곳으로 밀려와

층층 돌계단에 눈물자국을 남기고 있지만
배꽃처럼 하얀 해무가 뒤따르며 죄다 지우고 있음을
아는지 모르는지

나팔꽃

장맛비 그치고 활짝 갠 날처럼
언제 그랬냐고, 눈을 치뜨며 올 것이다

그런 믿음으로 살지만
조급한 마음은 창가를 서성거린다

그때마다
자주색 멍울이 가슴께로 내려와
자꾸만 울먹이고 있다

제3부

단풍잎의 생에 대한 생각

동남아시아든가, 아프리카 어느 나라쯤이든가
구호식량을 얻기 위해
트럭을 향해 손을 뻗치던 가녀린 손들,
겨우 한 움큼의 햇살을 쥐고 환하게 웃고 있었다

가위 바위 보

저 방탕과 저 탕진을 어찌할 것인가

가위 바위 보
가위 바위 보

하지만 결과는 항상 뻔했다

바위와 보
바위와 보

은행나무와 단풍나무 사이의 숙명인 것을
누가 누굴 탓할 것인가

가을비 오는 날
축축한 땅바닥에 털썩, 주저앉은 채로
노란 바위와 붉은 보가 죽기 살기로
또 저러고 있다

산수국(山水菊)

허공에다 널따랗게 제 몸을 대롱대롱 매단 것이 하늘일 게다. 허구한 날 널찍하게 매다는 일에만 골몰하다보니 지칠 때도 있을 게다. 그때마다 뜬구름처럼 천천히 계곡과 계곡 사이로 스며들고픈 마음이 있을 게다. 그럴수록 땅덩어리에 하늘빛을 섞고 싶은 마음도 굴뚝같을 게다. 하지만 제 몸뚱어리를 내려놓기에는 땅덩어리가 너무 비좁다는 고민을 할 게다. 고민이 깊은 날은 먹구름빛으로 치장할 게다. 더 깊어지면 한숨덩이만 한 바람이 일 게다. 뚝별난 날은 폭풍이 들이닥칠 게다. 그 뒷날은 유별나게 푸른 하늘빛으로 올 게다. 그 때깔은 하늘이 넌지시 내미는 화해의 빛일 게다. 어쨌거나 주야장천 하늘빛 사랑을 전하려 애쓸 게다. 언젠가는 숲속 어딘가에 곱게 자리 잡을 게다. 마침내 하늘빛이 감도는 사랑을 뭉게뭉게 꽃피울 게다.

가을하늘 아래서

어찌됐던 제 무게를 줄이려
구름은 여름 내내 소낙비를 쥐어짜낸 것이고
한 방울이라도 더 내려놓으려 몸부림치던 통에
천둥소리는 더욱 세찼던 것이다

그리하여,
한결 가벼워진 몸뚱이를 날려 보내려
소슬바람이 성큼 다가온 것이다

사랑의 몸살을 앓던 저 둥근 보름달도
잊으려 잊으려고
하루 이틀 사흘 제 마음을 조금 조금씩 들어내 보지만
기어코 되살아나는 그리움 때문에
어찌할 수 없이
비우고 채우는 일을 되풀이하는 것이다

저 구름처럼 제 무게를 줄이려면
무작정 마음을 비워나가야 하거늘

보름달같이 자꾸만 채워지는 갑갑함 때문에
쩔쩔매다가
새파랗게 질린 마음만 가을하늘에 내다 말리는 것이다

단풍나무의 고백

그렇지,
저절로 붉게 물든 게 아니지
아등바등 살아보려고
최대한 뿌리를 깊이 박고
세차게 물기를 빨아올리는 통에
빨게졌을 뿐이지

어떤 날은
술 취한 노을이 슬슬, 다가와
슬쩍 손목이라도 잡을라치면
그 놈을 뿌리치려다 벌겋게 달아올랐지

그런데 정말 어떤 날은
붉은 해가 지긋이 바라보기만 해도
거시기가 돌덩이처럼 빳빳해지고
덩달아 몸뚱이도 빨갛게 달아올라 어쩔 줄을 몰랐지

꾸중

제발,
징징거리지 마라
낙엽이 진 자리만큼
가을 하늘이 더 넓어지지 않았느냐

능소화

저 꽃처럼,
큼직해야
사랑받는 법인가요

그래야만이
붉게 물드는 법인가요

뙤약볕에 붉게 타들어 간 너른 플라타너스 잎을
능소화로 착각해 다가섰던 여름날,

그 모습을 보고도
내 마음은 진홍빛으로 타들었지요

선릉(宣陵)에서

저 단풍들은 멍 자국이다
노랗고 붉은 멍 자국이
나무마다 주렁주렁 매달린 것이다

여름 내내 비바람에게 얼마나 물어 뜯겼으면
저렇게 선명한 멍투성이가 되었을까

이제 가을바람이 스치기만 해도
서러운 멍 자국들은 눈물처럼 주르륵 쏟아질 것이다

저 봉긋한 무덤도 지난 왕조의 멍 자국이다
무심한 세월에게 끝도 없이
물어 뜯겨 부풀어 오른 멍 자국인 것이다

이제 누구 하나 물어뜯어
신한 멍 자국 하나를 새길까, 하는 사이에
놀란 저녁 하늘은
제 스스로 검붉은 빛으로 멍들고 있었다

이사

한사코 고집을 부리던 푸른 집들이
가을에서야 결심한 것이다
실은 가지 끝에서 바람맞이에 지친 뒤에야
깨달은 바가 있었던 것이다

모름지기 집이란 허공에 대롱대롱 매달릴 것이 아니라
땅 위에 우뚝 솟아야 한다는 것을,
그리하여
들국화며 채송화며 맨드라미 정도는 품어야 한다는 것을,
강아지며 토끼 정도는 뛰어 놀게 해야 한다는 것을,
두 다리 쭉, 뻗고 눕더라도 하늘거리지 않아야 한다는 것을,
이윽고 붉고 노랗게 꽃단장을 마친 집들이
이삿짐센터의 도움도 없이 이사를 감행한 것이다

허공에서 땅으로의 날렵한 이사,
누구 하나 군소리 없이 내려앉는 민첩한 이사,

내 땅 네 땅 가릴 틈도 없이 우수수, 쏟아지는 이사,
몸은 떠나지만 마음만은 남겨둔 이사를
순식간에 해치운 것이다

마침내 땅으로 내려앉은 집무더기들
어느 터전에 제자리 잡아야 할지 의논들 한다고
늦가을 내내 바스락거릴 것이다

물든다는 것은

하루에 한 번씩
제 몸뚱어리를
물들이는 하늘을 봐라

푸른 하늘을 붉은 노을로
물들이는 일에 다급하다

푸르게 푸르게만 버티다가
가을에서야
겨우 물들이는 단풍나무를 봐라

봄과 여름 내내
고심에 고심을 거듭한 끝에
붉은 빛을 토해낸다

단풍나무 아래서
푸른 하늘을 바라보며 생각한다

얼마나.기다려야 그 사람이
곱게 물들 것인지

떡갈나무

떡갈나무는 결코 바람에 흔들리는 게 아니다
가을이 오자마자 싹싹, 하늘에다
비질을 하고 있는 것이다
그때마다,
양떼구름 조각들이 하늘 저쪽으로 맥없이 쓸려간다
제 눈앞을 가리는 구름더미가 성가셨던 것이다
내 마음에도 부풀어 오른 그대 생각이
뭉게구름처럼 쌓여만 가는데
쓸어도
쓸어도
줄어들지 않고 가을하늘을 가득 채운다
한 발자국만 움직여도
그대 생각이 바스락거리고
높고 푸른 가을하늘만 바라보는 가슴 한 구석에는
엉성하기 그지없는 싸리비가
쓱쓱, 홀로 비질을 하는 소리만 내려앉는다

기다림

어머니는 장에 가셨다
강아지와 단둘이서 종일토록 기다린다
징징거리던 매미도 지쳤고
햇살도 길게 하품을 한다
동네 어귀에 팔랑팔랑 치맛자락이 날리면
토란잎에 궁그는 빗방울처럼 쪼르르 내달린다
얼른 장바구니를 쳐다보지만
소금에 절인 고등어 토막만 비린내를 풍긴다
눈깔사탕만 한 눈물을 뚝뚝 흘리며
강아지만 타박하며 집으로 들어서는 길
괜스레 옥수숫대를 흔들어 보지만 푸른 수염만 간들거리고
빨래 장대 꼭대기에는 솜사탕 같은 구름이 달랑 걸렸다
기다림은 이제 파장이지만
다음 장날을 손꼽아 기다리고 기다릴 참이다

지문(指紋)

그래 그렇다
저 하얀 구름은 가을하늘의 지문이다

사람마다 지문이 다르듯
하늘에도 갖가지 지문이 있다

뭉게 양떼 새털 지문은 제법 알려졌지만
푸른 풀밭에 누워 가을하늘을 바라보면
이름 모를 지문이 징하게 많다

이 판국에 고개를 쳐들고
가을하늘의 진짜배기 지문을 찾는 것이
참으로 힘든 일임을 일찍부터 알고 있기에
가을이 오면 하루 종일 풀밭에 몸을 눕히고
하염없이 하늘만 바라보는 것이다

흘러가는 저 하얀 구름처럼
그대 사랑을 훌훌, 떠나보낸 적이 있는가

그리하여 그리움의 지문을 가슴 속에 찍어본 적이 있는가

가슴 속에 눌러 앉힌 그리움 덩이가
하나, 둘 하늘로 치솟아 또 하나의 지문을 새기는 장면을
물끄러미 바라만 본 적이 정말 있는가

나무의 승천(昇天)

나무는, 가을이 되자마자
울긋불긋 얼굴을 붉히며
옷을 벗기 시작했고
이제 막 겨울이 닥치자
마지막 속옷 한 장까지 벗어버리고
두 팔을 벌려서 겨드랑이 사이로 숭숭 바람을 맞는다
저 깊은 하늘로 오르기 위해
벌써 몇 번이고 연습 비행 중인 것이다
어제 저녁,
별똥별이 다급하게 나무에게 왔다
이제 봄옷을 걸치게 되면
제 무게를 이기지 못해 날갯짓을 할 수 없음을
간파한 하늘이 띄운 파발(擺撥)이다
더욱 더 다급해진 나무는
씽씽, 찬바람을 일으키며
몇 번이고, 몇 번씩이고 비행을 연습 중이다
이미 지친 누런 잎들을 발아래 수북이 쌓아둔 채로,

화해

소낙비가 세차게 내렸습니다. 하지만 장난감만 내밀면 울음을 뚝, 그치는 아이처럼 한순간에 멈췄습니다. 여름내내 모과나무를 두드려 패던 비가 정말 한순간에 멈췄습니다. 얼마나 모질게 그 짓을 했으면 모과나무 허리에는 아직도 군데군데 멍 자국이 선명합니다. 가을이 되자마자 모과나무가 일을 저질렀습니다. 가지마다 어른 주먹만 한 돌덩이를 매달고 하늘에다 돌팔매질을 해댔습니다. 그 모습에 놀란 가을 하늘이 시퍼렇게 자지러졌습니다. 돌덩이를 피하려 도망치는 탓에 가을하늘이 자꾸만 높아지고 있습니다.

먹이사슬

줄줄이 사탕 같은 지하철이 도착했다
막차에 갇혔던 사람들이 눈깔사탕처럼 쏟아진다
그들을 향해 퐁당,
먹이 하나 던지면 일제히 모여드는 잉어 떼처럼
택시들이 덤벼든다

부릉부릉
부릉부릉

이윽고
술 취한 여자, 남자 냄새를 풍기며
뒷좌석에 몸을 누인다

제4부

하얀 소나무

저 푸른 소나무,
봄과 여름 그리고 가을과 겨울 내내
푸르게 푸르게만 살아
항상 서슬이 퍼렇다
하지만
순백(純白)의 제 마음을 드러내지 못해
애가 타고 있었던 것이다
그 심정을 이제야 눈치챈
하늘이
그의 머리 위에
하얀 눈을 소복이 올려놓았다
비로소
소나무의 마음이 만천하에 드러났다

겨울나무의 문답(問答)

쓸쓸하지 않으세요?
외로운 겨울나무가 물었다지요

쓸쓸한 겨울나무가 답했다지요
당신은 외롭지 않으세요?

그들의 문답이 멈출 때가 있다지요

함박눈이
겨울나무의 입들을
소복소복 틀어막아버리는
바로 그 순간이라지요

겨울나무들은
하얀 눈을 뒤집어쓴 채
새봄까지도 외롭고 쓸쓸함을
묻고 답한다지요

그렇게 문답을 매듭지어야
앙상한 가지마다 잎사귀들을 주렁주렁 매달고
높고 푸른 하늘을 향해
마냥 환하게 웃는다지요

겨울 아카시아

그래, 그럴 것이다
그 때문에 까맣게 속이 탓을 것이고
또 그 때문에 비쩍 마른 몸뚱어리는
시꺼멓게 변색되었을 것이다

오로지 푸른 낯빛을 가졌다는 이유만으로
아무리 손사래를 쳐도
함박눈 한 아름을 공짜로 얻은
소나무를 쳐다보면 참으로 쓸쓸했을 것이다

하지만 무르익을 봄날에 봐라
아카시아가 한 톨 두 톨
얼마나 힘겹게 함박눈을 제 몸뚱어리에 쟁여 두었는지를

게다가 겨우 내내 함박눈을 향기롭게 삭혀
뭇사람의 코를 얼마나 벌렁거리게 할 것인지를

산목련이 오시다

그해 봄,
세석평전은 철쭉제로 들떠 있었다
붉은 꽃무더기 속에서 홀로 외롭던 새하얀 산목련과
밤새워 사랑을 나눴다
떠나오던 날,
따라 나서는 그를 외면하고 천왕봉에 올랐다
더 이상 산목련은 보이지 않았다
까마득히 몇 개의 계절이 지나간 겨울 아침
세상에,
고것들이 몇 달에 걸쳐 산을 내려와
마당에 소복소복 기다리고 있었다
그 너른 꽃잎들 손톱보다 더 잘게 쪼그라져
조용조용 쌓이고 있었다

능수버들

능수버들은 음탕하다
젠장, 온몸이 성감대로 이뤄져
봄바람이 살짝만 스쳐도 허리가 휜다

그뿐이랴
겨울 강가에서
알몸뚱이로 찬바람을 쐬며
우뚝 솟은 열기를 식히려 애써 본다

그래도 남은 열기 때문에
함박눈 속에 제 몸뚱이를 쑤셔 박기도 한다

그럼 뭣하랴,
능수버들이 봄바람의 사타구니를 핥는 것을
이미 종달새가 눈치챈 것을

또, 가지마다
푸른 새끼들을 주렁주렁 매달았다

첫눈

그대 활짝 핀
흰 꽃으로 오면
가슴에 가득히 사랑으로 받아
뽀드득대는 그리움으로 쟁일 것이다
따스한 한줌 햇살에
스러지더라도
아득히 사랑했으므로
서럽게 녹아들지 않을 것이다

녹차를 마시다가

목마름에 애가 탄 거뭇한 찻잎 위에 물을 쏟아 붓는다
말라비틀어진 것들이 쭉쭉 일어나더니
몇 번씩 솟구치고 나불거린다
잊었던 제 이파리 모양을 되찾고서는
배부른 듯 물 위를 둥둥 떠다니다가
오래 묵힌 그리움처럼 잠잠하니 바닥에 가라앉는다
조용히 한 잔을 따라 마신다
어라, 이 맛이 아니다
쏟아 넣은 것은 분명 녹차인데
살아난 것은 그 향이 아니다
녹차통을 가만히 들여다보니 까만 찻잎더미 속에서
암실에 내리치는 하얀 빛줄기 같은 꽃이 어슬렁거린다
말리(茉莉)의 꽃,
세상에 고것이 두 눈을 부릅뜨고 빤히 노려보고 있다
나팔꽃처럼 활짝 피어 진한 향을 내뱉던
꽃,
떠나감의 설움에 훌쩍이다가 이제는 쪼그라져 작고 하얀 꽃,

그 작은 꽃의 틈새를 비집고
피어오르는 것은 되돌릴 수 없는 그리움이다
어찔하다
말리, 어쩌자고 왔을까
소리 없는 향기로 어쩌자고 여기까지 왔을까

백화점 앞의 소나무

백화점 앞의 소나무,
서울 온 지 벌써 몇 년이 지났건만
계속 울고 있었다
혹시 야반도주할까봐
머리에는 반짝이 알전구를 칭칭 감아 두었고
주위에는 대리석을 미끄럽게 깔았다
그래도 미덥지 못해
소나무 허리를 새끼줄로 꽁꽁 묶어 두었고
그 중에 몇은 도망치다 다친 다리에
황토를 처바르고 부목을 댄 채 벌서고 있다
그 아래로
고요한 밤과 거룩한 밤,
그리고 어둠에 묻힌 밤이 지나가고 있다

모과나무의 궁리

지난가을 모과를 내린 뒤로
겨우 내내 미끈한 맨살을 드러낸 채
새봄까지 시름에 잠겨 있었다

봄비 그친 뒤 불쑥, 하얀 꽃을 내밀까,
아니면 연초록 이파리를 내밀까,
그도 아니면 노란 모과를 내밀까,
골똘히 생각하고 있었다

드디어 불끈 쥔 손을 펼치듯
제 마음을 세상에 펼쳐 놓으려는 순간
꽃샘추위와 함께 온 눈송이가 말문을 막아버렸다

어찌할 겨를도 없이
가지마다 하얀 꽃을 먼저 매달아 버렸다

증거

숱한 사람들이 하늘나라로 갔고
또 그만큼의 사람들이 땅으로 왔다

그 헤아릴 수 없는 왕래의 중간 기착지는 나무,
나무는 수많은 교통의 증거로
잎들을 촘촘하게 매달고 있는 것이다

나뭇잎마다 아로새겨진 잎맥도
알고 보면 왕래의 증거로 남긴 엄지손도장이다
간혹 심하게 눌러 구멍이 난 것도 있고
너무 진하게 인주를 묻혀 붉은 것도 있다

추운 바람이 불어도
나뭇잎들이 악착같이 가지를 붙들고 있는 것은
오고가는 사람들에게 길을 알리는
푯대 구실을 하기 위한 것이다

하늘을 오고가는 사람들이

어느 구멍으로 넘나들었을까, 궁금해 하지만
낮에는 해가 뚫은 구멍으로
밤에는 달이 뚫은 구멍으로 오고간다는 것쯤은
모두들 알고 있는 일이다

그래도 어정쩡하게 구멍을 찾지 못하는 사람들에게 쐐
기를 박듯
백주 대낮에 허연 낮달이 제법 큰 구멍을
하늘 가운데 꾹, 눌러 찍고 있다

그렇게 다가온 것을

비 개인 오후 맑은 하늘을 바라보는 눈빛처럼
누구도 밟지 않은 눈밭에 첫발을 내딛는 마음처럼
그렇게 다가온 것을 아시나요

수수꽃다리의 여린 향기에 취할 틈도 없이
소낙비의 매질을 이리저리 피할 틈도 없이
그렇게 다가온 것을 아시나요

회암사지 부도탑 아래서 가늘게 흔들리던 제비꽃 같이
운주사 와불 옆에서 재잘대며 솟구치던 새싹들 같이
그렇게 다가온 것을 아시나요

이제껏 보아 온 것들에 새로운 의미를 부여하듯
자잘한 것들의 위대성을 또 고민하게 되듯
그렇게 다가온 것을 아시나요

길상사에서

그곳에서는
묵언(默言)하라, 하였네

봄꽃 피는 소리가 야단법석인데 말이네
계곡물도 돌돌돌 흐르는데 말이네

옹당이의 송사리들
조용조용 눈짓으로 헤아리자 했지만
한 마리도 눈에 들어오지 않았네

소란스런 내 마음을 들키지 않으려고
행길로 나가자고 재촉하고 말았네

마음역

마음역에서 마음역으로
줄달음질치려면
미안함과 서운함이라는 간이역을
반드시 들러야 한대요

누군가에게 달려가고픈 마음이 거셀수록
미안함역과 서운함역에서
오래 오래 머물러야 한대요

그래야만이
칙칙폭폭, 칙칙폭폭
마음역에서 마음역으로 가는
철길이 열리기 때문이래요

이윽고
마음역에서 마음역으로 달려가는
객차 속에서
사랑과 그리움이라는 손님이 나란히 앉아

도란도란 이야기꽃을 피운대요

그대를 위한 변명

쓸쓸하다는 것은
갯벌이 부드러운 힘으로
발목을 사로잡듯
한 발짝도 움직일 수 없도록
한사코 동여매는 것이다

외롭다는 것은
파도가 자꾸만
가슴팍을 내리치더라도
훌쩍 떠나지 못하고
모래밭에 자꾸만 발자국을 남기는 것이다

그립다는 것은
갯바위에 들러붙은 따개비처럼
부여잡은 생각의 끈을
결코 놓지 못하는 것이다

사랑한다는 것은

꽁꽁 얼어붙은 바닷바람을
붉은 노을로 겹겹이 덮어
따스한 아침햇살로 곰삭혀 내는 것이다

강변에서

저 강물은 세상의 모든 심장을 몰래 집어삼켰다
하얀 구름의 널따란 심장 수천 개와
곱디고운 별들의 반짝이는 심장 수만 개를
한꺼번에 먹어치운 것이다

더군다나 강변에서 노닐던 수많은 연인들의
팔딱이던 심장도 몰래몰래 훔쳐 먹었다

그리하여 쉴 틈 없이
강물은 펄떡이는 것이고
그때마다 강물은 출렁이는 것이다

간혹 강물이 세차게 출렁이는 날은
달과 해의 거대한 심장을 단숨에 삼켜
주체하지 못할 격정으로 심박수가 치솟은 것이다

해설

물렁한 사랑 노래

최지성

'교사' 권영부보다 '시인' 권영부가 훨씬 잘 어울린다고 생각한 적이 있다. 그날은 봄비가 왔다. 그런 날이면 술을 좀 한다는 사람들은 으레 누구는 막걸리를, 누구는 소주를 생각한다. 식당에서 빗소리와 함께 점심을 먹던 우리는 밥 한술을 뜰 때마다 머릿속으로는 퇴근길의 술 한 잔을 그렸을 것이다. 하지만 모두가 침묵 속에서 꾸역꾸역 밥을 먹고 있었다. 그 침묵과 점심이 유별나게 얄미운 날이었다. 아무튼 침묵이 지겨울 무렵, '교사' 권영부가 홍어 이야기를 꺼냈다. 드디어 우리는 침묵에서 해방되었다. 홍어× 이야기도 나왔고, 흑산도로 유배를 간 정약전의 자산어보 이야기도 나왔다. 그리고 드디어 홍탁이라는 말과 함께 막걸리라는 감칠맛이 도는 말이 등장했다. 그 말로 인해 우리는 퇴근시간이 되자마자 서로서로를 앞세워 성내시장 골목의 제줏집에 앉았다. 삶은 문어와 홍해삼이 나오고 막걸리가 몇 순배 돌았다. 그때서야 우리가 진정으로 일상에서 해방되었음을 깨달았다. 그때 나는 생각했다. '시인'은 해방을 노래하는 사람이라는 것을. 아무튼 그날 우리는 두 볼과 두 눈이 발그레할 때까지 시인이 들려주는 홍어× 이야기와 막걸리로 배를 채웠다. 그날부터 나는 '교사' 권영부보다 '시인' 권영부가 더 잘 어울리는 궁합이라고 생각했다.

1. 봄사랑의 카타르시스

그날 둥근달이 있었는지 잘은 모르겠지만, 벚꽃은 지천으로 지고 있었다. 아마도 그날 우리는 사랑 이야기를 했을 것이다. 누군가가 첫사랑에게 한 고백을 이야기했고, 나는 '고백' 때문에 아프다고 말했던 기억이 난다. 그날 시인은 우리들의 이야기를 묵묵히 듣고 여러 번을 웃었다. 그리고 오늘 나는 시인의 시를 읽으며 그날 보인 웃음의 흔적을 확인하고 많은 것을 깨닫게 되었다. 시인은 말한다. '봄사랑'은 '고백할 수밖에 없는 지경'의 사랑이라고. '벚꽃이 하얀 벚나비의 알'을 품다가 한꺼번에 날려버릴 수밖에 없듯이 우리도 마음속에 키우는 '사랑나비의 알들이 자라면', '어찌할 수 없이 난분분(亂紛紛)한 고백'을 할 수밖에 없다(「봄나비」). 그렇다. '봄사랑'은 '고백' 때문에 아픈 것이 아니라 '고백할 수밖에' 없기 때문에 아픈 것이다. 그래서 시집에서 「봄나비」는 여러 번 음미하고 또 음미해볼 일이다. 정말이지 이 시는 봄비에 벚꽃이 지는 날에 사랑을 앓는 우리의 폐부를 핥는다.

분명하다
저 수천 그루의 벚나무는 가느다란 가지마다
하얀 벚나비의 알들을 숱하게 품었다가
화창한 봄날 한꺼번에 부화시켜
바람결에 하늘하늘 풀어놓은 것이다

분명하다
내 가슴에도
사랑나비의 알들이 오슬오슬 자라고 있었다
서리서리 품은 사랑알들이
가슴팍을 풀어헤치고
화르르 하늘로 날아오를 때는
어찌할 수 없이 난분분(亂紛紛)한 고백을 하는 것이다

—「봄나비」 전문

고백은 아픔을 부른다. 그렇다고 고백하지 않으면 아프지 않을까. 당치도 않다. 그래서 '봄사랑'은 운명적으로 아플 수밖에 없다. 그리고 그 운명을 비껴갈 사람은 거의 없다.

이렇게 본다면 '봄사랑'은 분명히 존재한다. 시인은 이 '봄사랑'을 깨달아야 한다고 넌지시 말한다. 아직도 그것을 모르느냐고, 그 깨달음의 지점을 찾으라고 우리의 정수리를 찌른다.

사랑하면 할수록
가슴 가득 뭉클함이 쌓이지만
그 알 수 없는 허전함 때문에
몸살을 앓은 적이 있는가

봄비 몇 가닥이
또록또록 정수리를 채찍처럼 내리칠 때
또 알 수 없는 그 뭔가가
가슴을 미어지게 한 적이 있는가

벚꽃이 모두 진 자리를 가만히 거닐다
울컥, 하고 제법 큰 뭔가가
가슴을 헤집는 걸 느껴본 적이 있는가

하루에도 몇 번씩
그 뭔가를 부여잡으려 팽이처럼 맴돌지만
아득한 그 연유를
끝끝내 알 수 없어 엉엉, 울어본 적이 있는가

—「벚꽃이 진 자리에서」 전문

경험해본 사람은 알 것이다. 그리고 '엉엉, 울어본 적이 있는' 사람은 알 것이다. '사랑하면 할수록 가슴 가득 뭉클함이 쌓이지만 그 알 수 없는 허전함 때문에 몸살을 앓'(「벚꽃이 진 자리에서」)게 된다는 사실을. 모두가 인정하는 이런 '봄사랑'의 보편성을 우리는 표현하지 못한다. 시인은 표현하지 못하는 침묵을 싫어한다. 아프지만 아프다고 말하지 못하는 우리의 침묵을 혐오한다. 모두들 짐작했겠지만 그런 의미에서 시인의 시는 깨달음의 시이다. 깨달음이 바로 사랑을 쌓아놓은 무의식의 해방이라면, 시인의 시는 진정 해방의 시다. 시인의 사랑 노래는 사랑이라는 감정 앞에서 침묵하는 우리를 해방시킨다. 침묵하는 우리뿐만 아니라 사랑의 가해자도 해방시킨다. 그리하여 모든 사람을 사랑의 이름으로 해방시킨다. 그들의 아픔이 불려지고, 치유되고 용기를 갖는다. '봄사랑'에 지각한 살구나무(「살구나무 한 그루」)도, 제 몸의 가시를 뽑지 못해서 사랑을 키우지 못하는 아카시아(「아카시아도 봄을 기다린다」)도, 사랑이 헤픈 앵두나무도(「앵두꽃이 지고 나니」), '그대를 사랑하는 마음이 물집처럼 자꾸만 부풀어' 올라 '다급한 마음에 초록 실타래를 풀어내는'(「5월의 담쟁이」) 5월의 담쟁이도 모두모두 해방된다. 그리고 억눌린 사랑의 감정이, 혹은 감추고 싶었던 사랑의 열정들이 폭로되었을 때, 우리는 카타르시스를 느낀다. 그래서 시인의 시는 카타르시스의 해방시이다.

2. 토르소의 아픈 사랑

'봄사랑'에 빠진 사람은 사랑하는 사람을 향한 시선만을 가지고 있다고 한다. 그래서 그 시선은 자신을 보지 못한다. 하지만 사랑을 끝내고, 이제 자기를 둘러싼 세계를 바라보게 된다. '알몸으로 선 벚나무'(「벚나무, 알몸으로 서다」)도, '맥없이 진 앵두꽃'(「앵두꽃 지고 나니」)도 보인다. 사랑의 이름으로 사랑을 볼 수 있는 시선을 가진 셈이다. 그리고 자신의 옆에, 내 사랑을 지켜보던 위대한 존재가 있음을 깨닫는다. 그것은 토르소다.

> 어느 한 날 허연 낮빛을 가려주는 그늘을 줬고
> 눈빛을 나누는 연인들에게 싱그러운 바람을 주기도 했다

또 어느 한 날은 만취한 것들의 토악질을 맨손으로 받아
냈고
떠나가는 이들을 위해 너른 잎들을 날리며 위로했다
이제 토르소가 되어 허공에다 쇠스랑질을 하고 있다

—「플라타너스」 부분

시인은 '봄사랑'을 해본 사람만이 가질 수 있는 특권에 주목한다. 그것은 자신의 모든 것을 주고 빈털터리가 된 '토르소'에 대한 깨달음이다. 토르소를 본 사람은 자신의 이기적 사랑을 반성할 수도 있고, 세상의 모든 것을 마음에 담을 수 있다. 그래서 이번 시집은 조금 물렁한 시들(시인이 나에게 이번 시는 좀 물렁하다고 했다)이라는 시인의 말을 조금 수정할 필요가 있다. 토르소가 자신의 두 다리와 팔을, 그리고 머리를 온전히 없애고, 마음으로 세상을 보듯, '봄사랑'을 한 사람은 토르소가 되어 정직하게 세상을 본다. 그래서 '봄사랑'을 끝낸 사람은 아름답다. 그냥 일방적으로 사랑만 하는 것이 아니라 사랑을 매만질 수 있다. 민들레가 되어서, 넝쿨장미가 되어서, 아카시아가 되어서 그리고 붓꽃이 되어서 슬픔을 없애고, 환하게 살게 하고, 고통을 없애주고 싶은 사람이 되고자 하는(「내가 꽃씨라면」) 구체성을 가지게 된다. 이 구체성은 세상을 정직하게 바라보거나, 세밀하게 세상을 바라볼 수 있는

것이기도 하다. 사랑은 자신에 대한 애착과 단 한 사람에 대한 애착을 넘어서 세상의 모든 것에 대한 애착으로 귀결될 때 가치가 있다. 그것은 이 세상을 건강하게 굴러가게 하는 원동력이기도 하다.

지하철역 입구에
신문지 한 장을 펼치고
그 위에 호박잎 두 무더기로 좌판을 벌린 할머니,
시든 호박잎처럼 쭈글쭈글하다
따가운 햇살을 피하기 위해
비닐 부채 한 장으로 얼굴을 가렸지만
오후 내내 늙은 무덤 세 개가 새까맣게 타고 있다

—「삶」 전문

오직 토르소가 된 사람만이 이 시를 이해할 수 있으리라. 오직 토르소만이 '늙은 무덤 세 개'를 마음으로 볼 수 있다. 그리고 오직 토르소만이 '늙은 무덤 세 개'는 단지 지하철역 입구에만 있지 않음을 깨달을 수 있다. 시인은 이 점을 분명하게 우리들에게 말한다. 느릅나무가 되어 이제 곧 늙어 쓰러질 '늙고 삭은 슬레이트'를 덮고, 단풍나무가 되어 '구호식량을 얻기 위해 트럭을 향해 손을 뻗치던 가녀린 손들(단풍잎)'을 보라고. 그리고 토르소를, 토르소가 된 자신을, 자아를 넘어 타자에 대한 애착을 가진 자는 이제 사랑을 할 수 있는 자격을 가질 수 있음을. 서툰 낭만이 제거된 성숙한 사랑, '먼 인생의 뒤안길을 돌아와 이제 거울 앞에서' 자신을 정직하게 바라보는 원숙한 누님의 사랑을 할 수 있다. 아마도 시인은 「8월, 배롱나무 아래서」의 화자를 통해 우리가 그런 사랑을 깨닫기를 바란다.

아주 붉지도 그렇다고 여리지도 않은 사랑,
잠시잠깐 붉게 물들기보다
느릿느릿 여리게 물드는 사랑,
여름 내내,
석 달 열흘 동안 미치도록 사랑하기보다
가을이 오고, 겨울이 와도 잔잔히 다가서는
그런 사랑 한번 해봤으면 좋겠네
소낙비 그치면 금세 제 때깔을 찾는
저 꽃잎과 같은 맑디맑은 사람과
지치지 않고 모나지 않는 사랑,
꽃잎을 스쳐 땅으로 내리치는 빗방울 같이
오롯이 스며드는 사랑, 오래오래 해봤으면 좋겠네
어느 한 날,
여린 꽃잎이 뭉텅뭉텅 떨어져 눈처럼 수북이 쌓이는

겨울이 들이닥쳐도
아주 붉지도 그렇다고 여리지도 않은
마음으로 견뎌내면 좋겠네

—「8월, 배롱나무 아래서」 전문

3. 지천명의 물렁한 사랑

이렇게 하여 '봄사랑'은 '사랑'이 된다. 사랑이 완성되는 과정은 지난하나 가치 있다. 감상적 사랑은 가을 단풍이 물들듯이, 가을하늘이 물들듯이 진하게 익는다. 나무는 허공에 팔을 휘젓는 것이 아니라 하늘과 소통하고 있다. 사랑은 '알 수 없는 허전함'(「벚꽃이 진 자리에서」)으로 허공으로 나부끼는 것이 아니라 '마음을 하늘에다 내다 말리는 것'이다. 인간이기 때문에 어쩔 수 없이 생겨나는 사랑에 대한 욕심과 갈등을 이제 하늘에 맡기는 유순의 순간, 그것이 바로 지천명이 아니고 무엇이겠는가.

사랑의 몸살을 앓던 저 둥근 보름달도
잊으려 잊으려고
하루 이틀 사흘 제 마음을 조금 조금씩 들어내 보지만
기어코 되살아나는 그리움 때문에
어찌할 수 없이

비우고 채우는 일을 되풀이하는 것이다

저 구름처럼 제 무게를 줄이려면
무작정 마음을 비워나가야 하거늘
보름달같이 자꾸만 채워지는 갑갑함 때문에
쩔쩔매다가
새파랗게 질린 마음만 가을하늘에 내다 말리는 것이다

—「가을하늘 아래서」 부분

무작정 마음을 비우려는 의지와는 달리 '채워지는 갑갑함'을 깨닫는 것도, 그리고 그 깨달음으로 '가을하늘에 마음을 내다 말리는' 것도 모두 지천명의 시발점이다. 따라서 이 시를 사랑을 잊지 못한 자의 몸부림으로 이해한다면 시를 반절만 이해한 것이다. 이제 시인은 '기어코 행복할 것'(「벚꽃 흩날리다」)이라고 고집을 피우지 않고, '제발 징징거리지 마라 낙엽이 진 자리만큼 가을 하늘이 더 넓어지지 않았느냐'(「꾸중」)고 타이른다.

바람에 흔들리는 떡갈나무는 흔들리는 것이 아니라 '하늘에다 비질을 하는 것'이다. 많은 사람들이 이야기하듯 '비질'은 배움과 성찰의 과정이다. 그래서 이제 갓 절집에 들어온 제자를 만난 스승은 제자에게 비질을 시킨다. 만난 지 백일이 지나도 천일이 지나도 비질을 시킨다. 배움의 그릇과 성찰의 정도를 가늠하는 것이다. 사랑과 삶을 깨달은 자도 비질을 한다. 떡갈나무처럼(「떡갈나무」) 말이다. 그리고 그렇게 해서 다다른 경지는 다음의 시에서 볼 수 있다. 내가 의지하지 않더라도 자연은 그렇게 해준다. 그것은 노자의 깨달음이기도 하다.

저 푸른 소나무,
봄과 여름 그리고 가을과 겨울 내내
푸르게 푸르게만 살아
항상 서슬이 퍼렇다
하지만
순백(純白)의 제 마음을 드러내지 못해
애가 타고 있었던 것이다
그 심정을 이제야 눈치챈
하늘이
그의 머리 위에
하얀 눈을 소복이 올려놓았다
비로소
소나무의 마음이 만천하에 드러났다

—「하얀 소나무」 전문

이렇게 사랑을, 그리고 인생을 깨달은 자는 무엇을 말해도 누추하지 않다. 이것을 성숙이라고 말할 수 있을까. 우리는 시인이 아무렇지도 않게 내뱉은 '홍어×'을 두고 그것을 음담이라고 생각하지 않는다. 다음의 시는 그래서 시인이 넌지시 우리에게 던진 화두다. 지천명이 되어 '봄사랑'을 깨달아야 그 진정성을 알 수 있을지 모를 일이다.

능수버들은 음탕하다
젠장, 온몸이 성감대로 이뤄져
봄바람이 살짝만 스쳐도 허리가 휜다

그뿐이랴
겨울 강가에서
알몸뚱이로 찬바람을 쐬며
우뚝 솟은 열기를 식히려 애써 본다

그래도 남은 열기 때문에
함박눈 속에 제 몸뚱이를 쑤셔 박기도 한다

그럼 뭣하랴,
능수버들이 봄바람의 사타구니를 핥는 것을
이미 종달새가 눈치챈 것을

또, 가지마다
푸른 새끼들을 주렁주렁 매달았다

—「능수버들」 전문

생각해보니 시인을 만난 지 어느덧 10년이 되었다. 그렇다. 나는 정확히 10년 전에 시인을 만났다. 그때 나는 교지에 '시인 권영부'라고 썼고, 그는 시인이라는 말이 어울리지 않는다고 말했다. 하지만 10년이 지난 지금 생각해보니, 나는 무례하게도 시인의 겸손과 더불어 시인의 성숙을 말하지 않을 수 없다. 다시 무례하게 더욱 단단해졌다고 평가해도 괜찮을지 모르겠다. 또다시 얼마나 더 단단해질까. 넌지시 나에게 '물렁하지 않은 시'를 이야기했으므로, 첫눈처럼 다음 시집이 나오기를 벌써부터 기다려진다.

그대 활짝 핀
흰 꽃으로 오면
가슴에 가득히 사랑으로 받아
뽀드득대는 그리움으로 쟁일 것이다
따스한 한줌 햇살에
스러지더라도
아득히 사랑했으므로

서럽게 녹아들지 않을 것이다

―「첫눈」 전문

문학의전당 시인선 143

벚꽃의 본능

초판 1쇄 인쇄 2012년 12월 18일
초판 1쇄 발행 2012년 12월 24일
지은이 권영부
펴낸이 김석봉
디자인 조동욱
펴낸곳 문학의전당
출판등록 제311-2012-000043호
주소 서울시 은평구 연서로11길 7-5 401호
편집실 서울시 마포구 공덕2동 404 풍림VIP빌딩 413호
전화 02-852-1977
팩스 02-852-1978
블로그 http://blog.naver.com/mhjd2003
전자우편 sbpoem@hanmail.net

ISBN 978-89-98096-13-7 03810